¡Viva la música!

Lada Josefa Kratky
Ilustrado por Kathleen O'Malley

HAMPTON-BROWN
Quien sabe dos lenguas vale por dos.®

A la gente de Kenia le gusta mucho la música. Por eso, hace sus propios instrumentos.

Para hacer sus instrumentos, la gente usa diferentes cosas. Usa cañas, troncos y frutas.

Para hacer esta flauta se usa una caña. Cuando la tocas, suena como un venadito travieso dando brincos.

Esta flauta se toca así. Trata de decir su nombre: muturiru.

Para hacer esta otra flauta también se usa una caña. Cuando la tocas, suena como una mariposa revoloteando.

Y esta flauta se toca así. Trata de decir su nombre: biringi.

Para hacer estas castañuelas se usa un coco. Cuando las tocas, suenan como una mula trotando por el camino.

Las castañuelas de coco se tocan así.

Para hacer este instrumento se usan cañas delgadas con semillas adentro. Cuando lo tocas, suena como la lluvia.

Este instrumento se toca así. Trata de decir su nombre: kayamba.

Para hacer este tambor se usan un tronco hueco y un cuero. Cuando lo tocas, suena como si estuviera cayendo un chaparrón.

Este tambor se toca así. Trata de decir su nombre: bumbumbu.

Para hacer este instrumento se usan cañas y una calabaza. Cuando lo tocas, suena como la sirena de un barco cuando llega al muelle.

Este instrumento se toca así.
Trata de decir su nombre: abu.

Tú y tus amigos pueden hacer instrumentos también. Usen tubos, cañas y calabazas, y empiecen a tocar. ¡Viva la música!